Made in the USA
Las Vegas, NV
19 February 2022

44239845R00070